KB195427

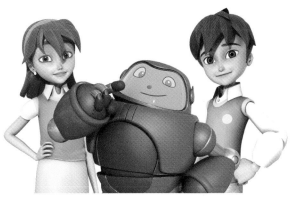

A Giant Adventure

SUPERBOOK: A Giant Adventure

Copyright © 2010 by The Christian Broadcasting Network, Inc.

Originally Produced in Korean by The Christian Broadcasting Network, Inc.
977 Centerville Turnpike, Virginia Beach, VA 23463, U. S. A.
All rights reserved.

This Korean translation edition © 2025 by Duranno Ministry, Seoul, Republic of Korea
This edition published by arrangement with The Christian Broadcasting Network, Inc. through CBN KOREA.
https://cbnkorea.org

슈퍼북 1: 다윗과 골리앗 편

원작 | CBN Inc.
옮김 | CBN KOREA
구성 | 두란노 출판부
초판 발행 | 2025. 2. 12.
등록번호 | 제2007-000009호
등록된 곳 | 서울특별시 용산구 서빙고로65길 38
발행처 | 두란노키즈
영업부 | 02)2078-3333 FAX | 080-749-3705
출판부 | 02)2078-3330

책값은 뒤표지에 있습니다.
ISBN 978-89-94773-64-3 74230
     978-89-94773-65-0 74230 (세트)

독자의 의견을 기다립니다.
tpress@duranno.com www.duranno.com

두란노KiDZ 는 두란노서원의
   어린이책 전문 브랜드입니다.

※ 일러두기
이 책의 만화 부분은 '시간 여행'이라는 상황 설정 안에서 성경 사무엘상 16-17장 내용을 각색한 것입니다. 성경은 직접 인용일 경우 《성경전서 개역개정판》(대한성서공회)을 기본으로 사용했으며, 《성경전서 새번역》(대한성서공회), 《우리말성경》(두란노)을 사용할 경우 해당 구절마다 별도 표기했습니다.

어린이를 위한 성경 어드벤처

슈퍼북
Superbook

1 다윗과 골리앗 편

원작 CBN Inc. ㅣ 옮김 CBN KOREA ㅣ 구성 두란노 출판부

두란노 KiDZ

안녕!
어린이 여러분, 만나서 반가워요!
슈퍼북 탐험을 함께 떠나게 되어 기뻐요.

우리의 참 좋은 친구, **슈퍼북(SUPERBOOK)**을 소개할게요.
이 책에 나오는 '슈퍼북'은 여러 가지 의미를 담고 있어요.
지금부터 하나하나 같이 살펴볼까요?

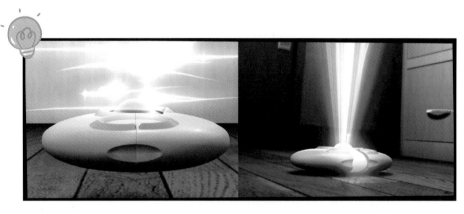

슈퍼북은 크리스, 조이, 로봇 기즈모가
성경 속으로 들어갈 수 있도록
도와주는 타임머신이에요.

슈퍼북은 성경
즉 하나님의 말씀을 의미해요.

잠깐! 여기서 끝이 아니에요!
우리 조금만 더 깊이 생각해 볼까요?
두구두구두구~ 짜잔!

슈퍼북은 바로 우리 친구들이
성경을 입체적으로 배우고 깨달을 수 있도록
하나님이 우리에게 보내 주신 성령을 뜻한답니다.

그럼 이제 함께
신나는 모험을 떠나 볼까요?
자, 출발!!

슈퍼북 시리즈 주요 등장인물

크리스 콴텀

남자 주인공. 에피소드마다 친구 조이, 로봇 기즈모와 함께 슈퍼북을 통해 성경 시대로 시간 여행을 다녀오면서 말씀을 더욱 깊이 깨닫게 되는 친구예요. 벨리뷰중학교에 다니고, 스케이트보드와 컴퓨터 게임을 좋아하지요. 아, 기타 치는 것도 아주 좋아하는데, 마침 이번에 학교 밴드부 오디션을 본다고 해요. 과연 오디션에 합격했을지 궁금하네요.

조이 페퍼

여자 주인공. 크리스와 중학교 같은 반 친구이자, 같은 동네 옆집에 사는 친구예요. 축구 같은 활동적인 스포츠를 즐기고, 밝고 활기찬 성격에 모험심도 강하답니다. 크리스, 기즈모와 함께 슈퍼북을 통해 성경 시대로 시간 여행을 떠나며, 필요할 때마다 번뜩이는 기지를 발휘해요.

기즈모

아이들을 보호할 목적으로 크리스의 아버지 콴텀 교수가 발명한 로봇인데, 오히려 크리스와 조이의 보호를 받게 되는 엉뚱한 익살꾸러기예요. 필요에 따라 자유자재로 변신할 수 있는 유용한 친구지만, 겁이 많아 늘 슈퍼북 탐험이 시작될 때마다 무서워한답니다.

≈ 다윗과 골리앗 편 등장인물

다윗
지금은 들판에서 양 떼를 지키는 목동이지만, 나중에 이스라엘의 두 번째 왕이 된답니다.

사무엘
제사장이자 선지자, 이스라엘을 다스린 마지막 사사예요.

사울
이스라엘의 초대 왕이에요.

골리앗
몸집이 아주 크고 힘이 센 블레셋의 장수예요.

☑ 이 책의 구성 및 활용법

다 같이 떠나는 성경 탐험

에피소드마다 크리스와 조이, 로봇 기즈모는 어린이들이 일상에서 겪을 법한 다양한 문제와 마주하게 돼요. 이들이 해결책을 고민하는 순간, 슈퍼북이 나타나 생생한 성경의 현장으로 이들을 초대하지요. 세 친구는 성경 시대로 떠나서 성경 인물들을 직접 만나, 그들이 하나님 안에서 문제를 해결하는 과정을 함께 경험해요. 그런 뒤 다시 현실로 돌아온 세 친구는 슈퍼북 탐험에서 얻은 깨달음을 통해 그동안 고민하던 문제를 하나님 말씀에 순종해 풀어 나간답니다.

기즈모와 배우는 슈퍼북 플러스+

성경 본문의 내용을 한층 풍성하게 이해할 수 있도록 배경 지식을 공부해요.

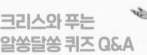

크리스와 푸는 알쏭달쏭 퀴즈 Q&A

만화에 다 담지 못한 더 자세한 성경 본문 내용을 퀴즈를 통해 재밌게 배워요.

조이와 외우는 말씀 쏙쏙

우리 친구들 마음과 머리에 새겨야 할 성경 구절이에요. 이 말씀은 언제 어디서나 무슨 일을 만나든 여러분에게 힘을 주고 마음을 토닥여 주는 비밀 열쇠가 되어 줄 거랍니다.

TO. 사랑하는 하나님 아버지

> TO. 사랑하는 하나님 아버지
> 무슨 문제가 생기든 하나님이 우리와 함께하시며 우리에게 '용기'와 '지혜'와 '능력'을 주신다는 사실을 기억할 수 있도록 도와주세요. 우리 눈이 항상 하나님을 바라보게 해 주세요. 그래서 다른 사람들의 시선에 휘둘리지 않게 해 주세요. 예수님의 이름으로 기도합니다. 아멘.

우리 친구들이 따라 읽으며 하나님과 대화할 수 있도록 짧막한 기도문을 담았어요. 우리 기도를 들으시는 하나님께 우리의 마음을 이야기해 보아요.

컬러링 교실

그림을 색칠하고 핵심 구절도 따라 써 보면서 슈퍼북 탐험의 여운을 즐겨요.

마음과 영혼이 쑥쑥 크는 질문들

앞에서 읽은 내용을 다시 한 번 되새기고, 나아가 그 메시지를 우리 친구들의 일상에 적용할 수 있게 도와주는 질문들이에요.

다윗과 예수 그리스도

다윗과 골리앗 이야기의 진짜 주인공, 예수님을 소개합니다!

차 례

1.

목동 다윗, 왕으로 기름 부음을 받다 • 13

2.

무대 공포증으로
밴드부 오디션을 망친 크리스 • 26

3.

슈퍼북 탐험의 시작: 다윗의 시대로! • 46

4.

하나님의 군대를 비웃는
교만한 거인 골리앗
• 65

5. 하나님이 주신 능력과 재능으로 그분을 높이는 삶 • 81

6. 세상에서 가장 강력한 무기:
항상 나와 함께하시는 하나님 • 90

7.

하나님을 의지하는
믿음에서 나오는 진짜 용기
• 116

마음과 영혼이 쑥쑥 크는 질문들 • 127

컬러링 교실 • 132

다윗과 예수 그리스도 • 138

목동[*] 다윗,
왕으로 기름 부음을 받다

* 목동 양 떼를 돌보며 기르는 아이. 다른 말로 '양치기'라고도 부르며,
  어른일 경우에는 '목자'라고 해요.

목동, 다윗

◉ 다윗

유다 지파 사람으로, 사울에 이어 두 번째로 이스라엘의 왕위에 올랐어요. 이새의 막내아들이에요. 다윗 위로 일곱 명의 형이 있었지요(사무엘상 16장 10-11절). 구약성경에서 약 600번 정도, 신약성경에서 약 60번 정도 다윗의 이름이 등장해요. 하나님을 전심으로 사랑했던 이스라엘의 가장 위대한 왕으로 평가받고 있어요. 훗날 그의 가문을 통해 예수 그리스도께서 이 땅에 오신답니다.

타 다 다 닷

후아~ 후아~

웅성웅성

어! 저분은
위대한 선지자,
사무엘이시잖아?

저기, 잠시…
잠시만요.

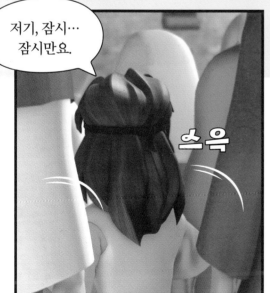

스윽

베들레헴, 이새의 집

흠…

조 - 용

선지자, 사무엘

얘가 바로 우리 집 막내입니다.

두리번

두리번

성큼

성큼

그런데 이 아이는 선지자님이 찾으시는 사람일 리가 없습니다.

아직 한참 어려요.

다윗의 아버지, 이새

혹시 형인 엘리압과 헷갈리신 게 아닌지요.

기즈모와 배우는 슈퍼북 플러스+　　◎ 사무엘

하나님의 말씀을 선포한 선지자이자, 하나님께 제사를 드리던 제사장이었고, 이스라엘을 다스린 마지막 '사사'였어요. 사무엘은 어머니 한나의 간절한 기도의 응답으로 태어났어요. 사무엘은 이스라엘이 '왕이신 하나님' 대신 요구하던 '인간 왕'을 세우는 것에 반대했어요. 하지만 하나님의 명령에 순종해 사울에게 기름을 부어 첫 번째 왕으로 세웠지요(사무엘상 10장 1절). 그런데 사울이 그만 하나님께 죄를 범해요. 결국 사무엘은 다시 하나님의 명령을 받아 다윗에게 기름을 부어 새로운 왕으로 세운답니다(사무엘상 16장 13절).

의기　　　양양

훗!

• • •

아니요,
주님께선 이 아이를
선택하셨어요.

다윗…

툭

넌 언젠가 이스라엘의
왕이 될 사람으로
선택받았다.

기즈모와 배우는 슈퍼북 플러스+

◉ **기름 부음과 뿔병**

베들레헴은 다윗이 선지자 사무엘을 만난 곳이에요. 다윗의 가족은 다윗이 특별하다는 생각을 못 했어요. 하지만 하나님은 사무엘을 통해 다윗이 특별한 목적을 위해 선택받았다고 말씀하셨어요. 사무엘은 다윗에게 기름을 부었어요. 당시에는 하나님이 그 사람에게 특별한 소명과 그 소명을 다할 능력을 주셨음을 보여 주기 위해 기름을 부었답니다. 사진 속 뿔병은 BC 14세기, 이스라엘 므깃도의 궁전에서 사용된 것이에요. 기름 부을 때 사무엘은 이런 가축의 뿔을 사용했을 거예요. 기름은 '성령'을 상징해요. 성령께서 다윗에게 능력을 주셨답니다.

2

무대 공포증으로
밴드부 오디션을 망친 크리스

빙글빙글

룰 루랄라~

띵...

그럼 난 이만~

휘릭~

나도 이만~

꽝!

야, 크리스!!

부글부글

여기선 그렇게 연주해도 막상 관객들 앞에서는 그렇게 못할걸!

그렇게 못할걸!

그렇게 못할걸!

그렇게 못할걸!

그렇게 못할걸!

시끌시끌

이제 기타는 쳐다보기도 싫어!!

엇, 크리스!!

로봇, 기즈모

어서 와!
생각보다 빨리 왔네!

척척   척척

휴 우

저기,
크리스…

오디션은 어땠어?
보나 마나 잘했겠지,
뭐~

위이잉

터덜터덜

34

하아…

엇, 슈퍼북!!

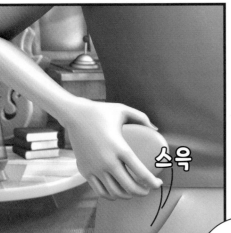
스윽

짜 안~

안~~~ 돼~~~
그건 또 왜 꺼내?

으앙, 난 벌써
속이 울렁거리는 거
같아.

쑥~

혹시 모르니
일단 기타를
챙기고…

둥―실

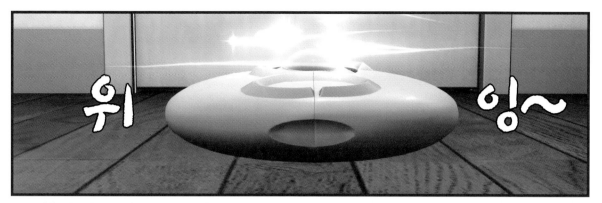

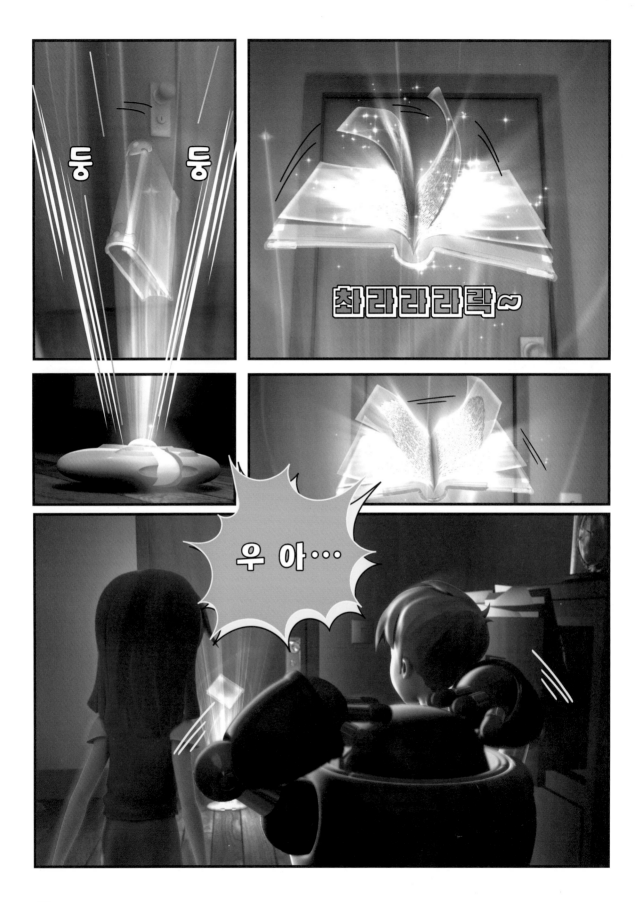

크리스, 난
이번 한 번만 좀 빠지면
안 될까?

오늘 너희가 만날 사람은 위대한 영웅으로,

하나님께 특별한 재능을 선물받은 사람이다.

3

슈퍼북 탐험의 시작:
다윗의 시대로!

으아아~~ 처음 보는 생명체가 나타났다!

뚜 뚜 뚜 뚜~

뚜 뚜 뚜~

그만해, 기즈모~

찌릿

삐용 삐용

경고!! 경고!!

장난하지 말고

위~잉

수~~~욱

여기가 어디고, 우리가 어느 시대로 왔는지나 알려 줘.

어머, 정말?

내가 빛의 속도보다 빨리 여행하면 시간을 앞질러 갈 수 있다고 돼 있어!

위 웅~~

칙!

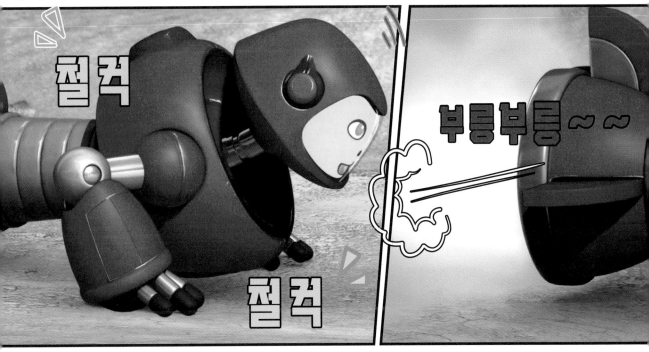

철컥

철컥

부릉부릉~~

*진지 언제든지 적과 싸울 수 있도록 설비 또는 장비를 갖추고 부대를 배치하여 둔 곳.

하나님의 군대를 비웃는
교만한 거인 골리앗

엘라 골짜기

착착착착

이글이글

내 말 잘~ 듣거라,
이 이스라엘
개미들아!

블레셋 군대장관

기즈모와 배우는 슈퍼북 플러스+　　◎ 블레셋

'블레셋'은 '외국인', '나그네', '이주자'라는 뜻이에요. 함의 자손으로, BC 12~13세기경 갑돌(갑돌은 그레데 섬이나 에게해의 여러 섬이었을 것으로 추정되고 있어요)에서 가나안으로 이주해, 원주민들을 몰아내고 정착한 강력한 해양 민족이에요(예레미야 47장 4절; 아모스 9장 7절; 신명기 2장 23절). 주요 5대 성읍은 가사, 아스돗, 아스글론, 가드, 에그론이며, 다곤, 아스다롯, 바알세붑 같은 우상을 섬겼답니다. 사사 시대에 이미 철기 문화에 접어든 블레셋은 철기로 무장하고 끊임없이 이스라엘을 위협하고 괴롭혔어요. 그런데 이처럼 이스라엘보다 군사적으로 힘이 셌던 블레셋은 이스라엘에 왕정 시대가 열리면서 점점 밀리기 시작해요. 특히 소년 다윗과 블레셋 장수 골리앗과의 싸움은 이스라엘이 블레셋보다 강해졌음을 보여 주는 결정적 사건이랍니다(사무엘상 17장). 오늘날 '팔레스타인'(Palestine)이란 말은 '블레셋' 또는 '블레셋의 땅'이란 말에서 나왔어요.

허엽!

쏘옥~

너희 신은 너희를 살려 주지 못해!!

으아아아~~

쩌렁쩌렁

화들짝

도망가자!!

허둥지둥

크리스와 푸는 알쏭달쏭 퀴즈 - Q

골리앗은 이런 식으로 이스라엘 군대에 며칠 동안 싸움을 걸었을까요?
① 40일 ② 9일 ③ 3일 ④ 25일

힌트 사무엘상 17장 16절을 보세요.

▷ 정답은 이 책 73쪽을 보세요.

다윗! 너 지금
여기서 뭐하는 거야!

홱~

어?
엘리압 형!!

꽈-악

전쟁 구경하러 왔냐?
여긴 네가 올 곳이 아냐.
넌 가서 양 떼나 돌봐.

휭~

어서 가!
전쟁터에 어린아이는
필요 없어!

내, 내가 뭐?
물어보는 것도
안 되는 거야?

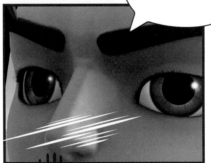

크리스와 푸는 알쏭달쏭 퀴즈 - A

정답 ① 40일

골리앗은 40일 동안 밤낮으로 하루 두 번씩 이스라엘 군대에 도전했어요. 양쪽의 군대는 마주 서서 서로를 모욕했어요. 일대일로 싸워서 전투의 승패를 결정하는 건 당시에는 흔한 일이었지요. 양쪽 군대는 대표를 뽑고 이 두 대표가 대결을 해서 지는 편이 패하고 달아났 어요.

기즈모와 배우는 슈퍼북 플러스+ ◉ 사울

사무엘을 통해 하나님의 기름 부음을 받은 이스라엘의 첫 번째 왕이에요. 베냐민 지파 사람으로, 잘생기고 키도 큰 데다가 겸손하고 온유한 사람이었어요. 그러나 왕이 된 이후 안타깝게도 그는 하나님을 의지하지 않고, 계속해서 하나님께 불순종했답니다. 결국 하나님은 사울을 왕으로 세운 것을 후회하시며, 하나님 마음에 맞는 사람인 목동 다윗을 이스라엘의 새로운 왕으로 세우기로 결정하셨어요(사도행전 13장 22절).

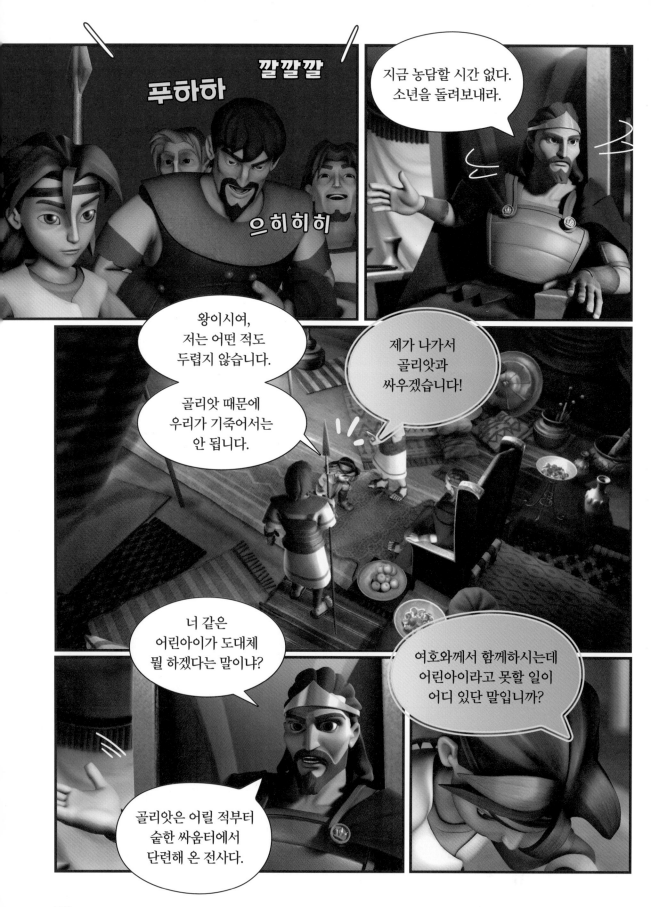

여호와께서는 저를 사자의 발톱과 곰의 발톱에서 구해 주셨습니다.

이 블레셋 사람에게서도 저를 구해 주실 것입니다.

정말 혼자 할 수 있겠느냐?

저는 혼자가 아닙니다. 여호와께서 함께하십니다.

초롱초롱

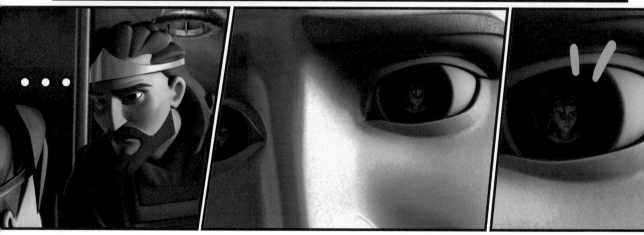

5

하나님이 주신
능력과 재능으로
그분을 높이는 삶

기즈모와 배우는 슈퍼북 플러스+ ⊙ 수금

다윗은 위대한 전사이자 왕으로 알려져 있어요. 하지만 음악가로도 유명했지요. 다윗은 하나님에 관한 노래를 많이 지었어요. 그 노래들이 성경 시편에 실려 있어요.

성경은 다윗이 수금을 연주했다고 기록하고 있어요. 수금은 현악기예요. 옆에 있는 사진 속 틀에 줄을 걸어 연주했어요. 밝은 음색 때문에 주로 기쁨과 감사를 표현할 때, 함께 모여 하나님께 예배드릴 때, 전쟁에서의 승리를 축하할 때 연주했답니다. 한편 사울왕이 정신적으로 힘들어할 때 다윗은 이 수금을 연주해서 사울왕의 마음을 안정시켰어요(사무엘상 16장 23절). 3,000년 전에 다윗이 음악으로 사울왕을 위로한 것처럼 오늘날에도 음악을 통해 정신적 고통을 덜어 주는 직업이 있어요. 이들을 '음악 치료사'라고 불러요.

이스라엘 진지

으~아~이거 입고는 못 싸워요.

후우~ 갑옷이 너~무 커요.

깅깅

익숙하지가 않아서 너무 불편해요.

으어어엇~

휘청~

그래, 알았다.

우당탕탕!

그럼 내 방패라도
가져가거라.

주님이 제 방패가
되어 주실 거예요.

꾸벅

6

세상에서 가장 강력한 무기:
항상 나와 함께하시는
하나님

추르르르륵

엘라 골짜기

착

폴짝!

웃차

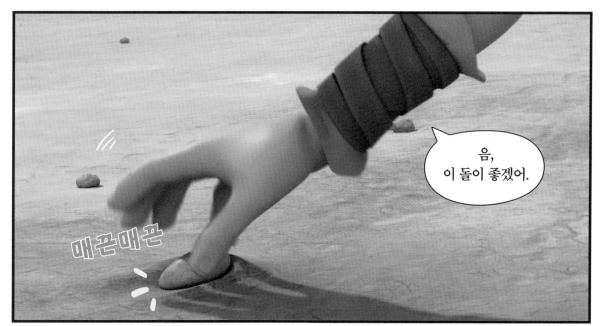

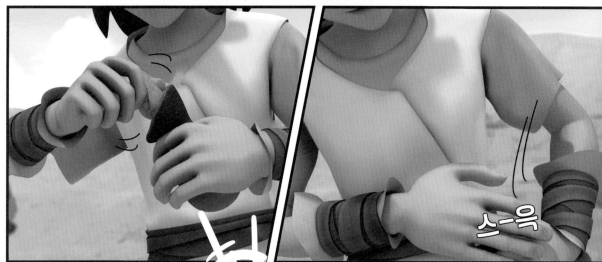

저벅저벅

착착착-

번쩍

혼자 서 있으니까 다윗이 너무 외로워 보여.

아니, 다윗은 혼자가 아니야.

하나님…

그래서 오늘 골리앗이랑
싸울 자가 있기는 한가?

내가 싸우겠다!!

셋까지
세겠다.

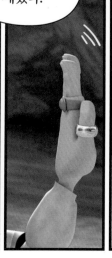

이러다
제 동생 죽겠습니다.
저라도 나서서…

턱

와아아아아아!

쿵 쿵

으아아~ 다윗 어떡해!

쿵 쿵

쿵 쿵

크리스와 푸는 알쏭달쏭 퀴즈 - Q

블레셋의 거인 장수 골리앗의 키는 얼마나 컸을까요?
① 우리 엄마 (약 150-170cm)   ② 농구 선수 (약 180~200cm)
③ 갓 태어난 새끼 기린 (약 180cm)   ④ 불곰 (약 290~300cm)

힌트 사무엘상 17장 4절을 보세요.
    1규빗 성인 남자의 팔꿈치에서 가운데 손가락 끝까지의 길이로, 약 45.6cm.
    한 뼘 손을 잔뜩 벌렸을 때 새끼손가락 끝에서 엄지손가락 끝까지의 거리로, 약 23cm.

▷ 정답은 이 책 104쪽을 보세요.

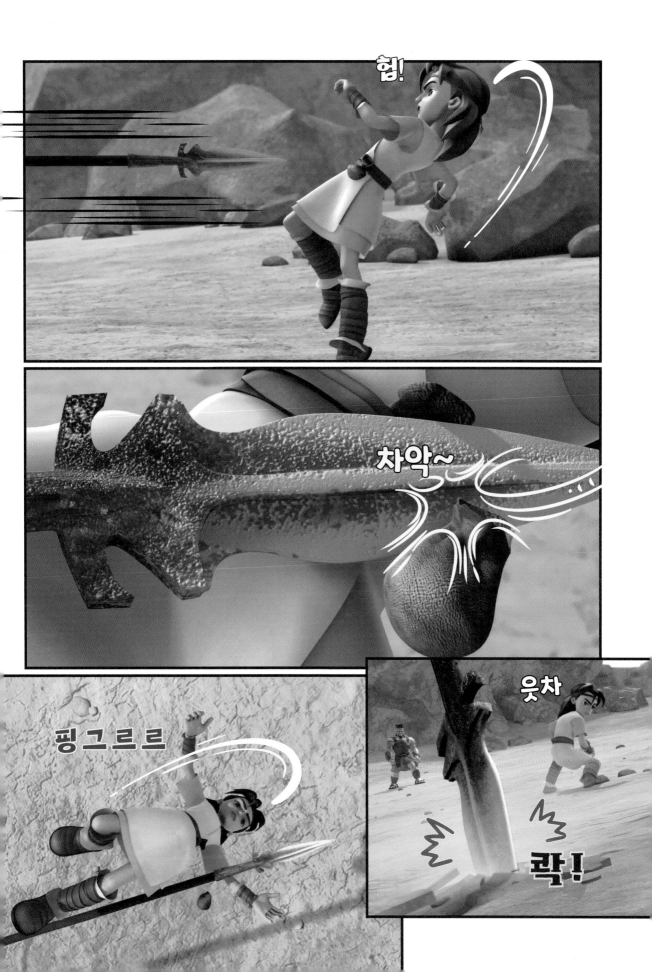

크리스와 푸는 알쏭달쏭 퀴즈 - A

정답 ④ 불곰(약 290~300cm)

골리앗은 키가 약 290~300cm 정도로 아주 컸어요. 다윗의 형 엘리압조차 그 옆에 서면
작아 보일 정도였지요. 이스라엘 군인들이 골리앗과의 대결을 피하는 것도 이상한 일은
아니었어요. 다윗은 골리앗에 비해 몸집은 훨씬 작았지만 하나님이 함께하셨기 때문에
믿음의 거인이 될 수 있었답니다.

스윽

흔들흔들~

헉!

돌이
어디 갔지?

쿵쿵쿵쿵

덩그러니

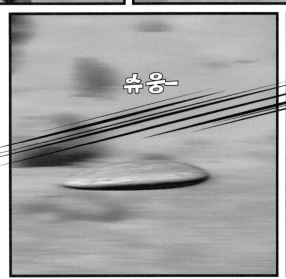

우어어

비틀

비틀

꽈 당!!

이럴 수가!
골리앗이 쓰러졌다!!

나의 하나님은
약하시지 않아.

하아~하아~

우어어어

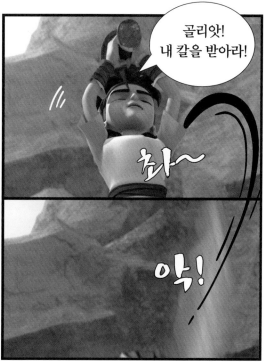

후…

골리앗!
내 칼을 받아라!

콰~

악!

◉ 다윗과 골리앗의 전투가 벌어진 현장과 당시의 전투 무기

전투가 벌어진 곳은 엘라 골짜기예요. 다윗의 고향인 베들레헴과 골리앗의 고향인 가드
사이에 있어요.

1996년에 고고학자 아렌 메이어(Aren Maeir) 교수의 발굴 팀이 고대 도시 가드를 발굴했어요.

여기서 많은 예술품이 나왔는데, 블레셋이라는 이름이 새겨진 도자기 조각도 그중 하나예요.

골리앗은 머리에 튼튼한 투구를 썼고, 엄청난 갑옷을 입었어요. 갑옷 무게만도 놋 5,000세겔이었지요. 1세겔이 11.5g이니까, 갑옷 무게만 약 57kg인 거예요. 거기다가 골리앗에게는 무시무시한 칼과 거대한 단창이라는 무기가 있었답니다(사무엘상 17장 5-7절). 어마어마하죠? 어린 목동이었던 다윗이 양 떼를 지킬 때 사용하던 작은 물매와 매끄러운 돌로 어떻게 감히 이런 무서운 골리앗에게 맞설 수 있었을까요?

물론 '물매'(Sling)는 당시에 강력한 무기였어요. 돌을 던질 때 사용한 도구로, 보통 넓은 가죽의 양 끝에 끈이 달려 있지요. 물매는 목자나 군인들의 무기로 쓰였어요. 잘 훈련된 사람들이 물매로 던진 돌은 시속 160km 정도까지 아주 빠르게 날아갈 수 있었어요. 그 시대 군대는 활을 쏘는 궁수뿐 아니라, 물매로 싸우는 군인이 따로 있을 정도였답니다. 성경에도 베냐민 지파 중에 물매를 다루는 실력이 뛰어난 700명의 왼손잡이 군인이 있었다고 나와요(사사기 20장 16절).

그런데 사실 다윗에게는 물매보다 더 센, 아니, 이 세상에서 가장 강력한 무기가 있었어요. 바로 우리왕 하나님이세요! 다윗은 사울왕의 튼튼한 갑옷이 필요하지 않았어요. 이미 전능하신 하나님을 의지하는 믿음의 갑옷을 입었기 때문이에요.

조이와 외우는 말씀 쏙쏙

너는 칼과 창과 단창으로 내게 나오지만
나는 만군의 여호와 ⋯ 하나님의 이름으로 네게 나간다.
사무엘상 17장 45절, 우리말성경

7

하나님을 의지하는
믿음에서 나오는
진짜 용기

현대 / 미국 벨리뷰중학교

설마 우리, 학교로
돌아온 거야?

징징징지잉~

음, 이 정도면
괜찮군.

후!

와~~~

짝짝짝

촬칵!

촬칵!

☑ 마음과 영혼이 쑥쑥 크는 질문들

1. 이스라엘 백성은 거인 골리앗을 보고 벌벌 떨었어요. 혹시 여러분에게도 골리앗처럼 생각만 해도 두렵고 떨리는 게 있나요? 다음 보기에서 골라 보세요. 여러 개 골라도 된답니다. 보기에 없다면 곰곰이 생각해 보고 빈칸에 적어 보세요.

- 높은 곳에 올라가는 것
- 어두운 곳, 어두운 밤
- 거미, 개미, 바퀴벌레 같은 벌레
- 동물
- 여러 사람 앞에서 말하는 것
- 학교나 학원 시험을 망치는 것
- 친구들에게 따돌림을 당하는 것
- 사람들의 말 대신 하나님 말씀대로 했다가 놀림당하는 것
- 다른 아이들과 비교당하는 것

127

2. 우리는 지금까지 다윗의 승리 전략을 배웠어요. 1번에서 답한 여러분의 골리
   앗 때문에 무섭고 두려운 마음이 들 때 이제 여러분은 어떻게 하시겠어요?

처음에는 별것 아니던 두려운 마음이 어느새 커져서
우리를 속상하게 하고 괴롭힐 때가 있어요.
하지만 우리도 다윗처럼 "우리 하나님은 강하시다!" 하고 외치며
두려움에 맞서 이길 수 있어요.

그러려면 평소에 "예수님의 이름으로 나는 너를 이길 수 있어!
주님 안에서는 모든 것이 가능해!"라고 말하며
두려움을 향해 물매로 돌을 던지는 연습을 해야 해요.
하나님께 기도하며 용기를 구하고, 말씀을 읽으며 훈련하면
하나님께서 우리를 용감하게 만들어 주실 거예요.

자, 이제 다윗처럼 하나님을 믿으며
거인 골리앗에 맞서는 훈련을 시작해 볼까요?
"하나님, 저를 도와주세요. 저를 두렵게 하는 골리앗을 이길 힘을 주세요!"
이렇게 기도하며 매일 하나님을 찾기로 해요.

젊은 사자는 궁핍하여 주릴지라도
여호와를 찾는 자는 모든 좋은 것에 부족함이 없으리로다.
시편 34편 10절

3. 여러분이 크리스였다면 무대 공포증을 느꼈을 때 어떻게 했을까요? 다음
   보기에서 골라 보세요. 보기에 없다면 빈칸에 적어 보세요.

   ○ 중간에 포기하고 도망간다.
   ○ 아픈 척을 한다.
   ○ 하나님께 기도한다.
   ○ 다른 사람 탓을 한다.
   ○ 거짓말로 핑계를 댄다.

아마 이스라엘 군사들은 무서운 골리앗을 마주하지 않도록
그를 물리쳐 달라고, 그 상황을 피하게 해 달라고만 기도했을 거예요.
40일 동안 밤낮으로 골리앗이 자기 힘을 자랑하며
이스라엘 백성을 위협하는 모습을 보았으니까 그럴 만도 하지요.
그런데 그들과 달리, 소년 다윗은 하나님을 신뢰하며
용기 있게 나서서 골리앗과 맞서 싸웠어요.

때로 하나님이 여러분이 고민하는 문제를
당장 '여러분이 원하는 방식'으로 해결해 주지 않으시더라도
이 사실을 항상 기억해야 해요.
큰일이든 작은 일이든, 좋은 일이든 나쁜 일이든
여러분이 겪는 모든 일 가운데 하나님은 여러분과 함께하세요.
그 하나님께는 엄청난 능력뿐만 아니라
우리를 향한 최고의 계획이 있답니다.
그러니 우리는 모든 순간에 함께하시는 하나님을 믿으며
용감하게 행동할 수 있어요!

4. 여러분은 혼자 있을 때 주로 무얼 하나요? 다음 보기에서 골라 보세요. 보기에 없다면 빈칸에 적어 보세요.

   ○ 게임을 한다.
   ○ 유튜브나 스마트폰, 텔레비전을 본다.
   ○ 책을 읽는다.
   ○ 공부를 한다.
   ○ 장난감 놀이를 한다.

들판에서 혼자 양을 돌보던 목동 다윗은 외롭고 무서울 때가 많았을 거예요.
그럴 때 다윗은 하나님을 찾고 찬양하며 하나님께 기도했어요.
그렇게 하나님을 믿으며 예배드리는 시간에
다윗은 자신을 돌봐 주시는 선한 목자이신 하나님을 만났어요.
그래서 무서운 사자와 곰이 나타났을 때도
하나님께서 주신 힘과 용기로 양 떼를 거뜬히 지킬 수 있었답니다.

또 다윗은 혼자 있을 때 쉬지 않고 물매질을 연습했어요.
그래서 나중에 거인 골리앗 앞에서도 겁먹지 않고
용감하게 싸울 수 있었지요.
여러분도 혼자 있을 때 무엇을 하느냐가 정말 중요해요.
보는 사람이 아무도 없을 때도
하나님은 여러분의 모든 마음과 생각과 행동을 보고 계세요.
그리고 하나님을 바라보는 여러분의 마음을 기뻐하신답니다.

5. 하나님은 우리 친구들 한 사람 한 사람에게 특별한 재능을 주셨어요. 그리고 오늘도 그 재능을 하나님의 영광을 위해, 하나님 나라를 위해 사용하기를 원하시지요. 그렇다면 하나님이 여러분에게 힘써 연습하라고 주신 **수금**이나 **물매**는 무엇일까요? 여러분에게 익숙하고, 잘한다고 주위에서 칭찬받고, 여러분 스스로도 즐거워하는 것이 무엇인지 부모님이나 선생님과 함께 대화하며 찾아보세요.

★★★ **부모님이나 선생님과 함께 풀어요.**

6. 5번에서 찾은 재능을 앞으로 어떻게 연습해 나가고 싶은지 부모님이나 선생님과 함께 대화하며 계획을 세워 보세요.

'다윗'이라는 이름은 '사랑받는 사람'이라는 뜻이에요.
다윗은 하나님께 사랑받는 자녀였어요.
우리 친구들도 다윗처럼 하나님께 사랑받는 자녀랍니다!

소년 다윗은 양 떼를 지키며 돌보는 목동이었어요.
양 떼를 돌보는 건 외딴곳에서 혼자 하는 일이라 외로웠어요.
또 때로 맹수들에게 목숨의 위협을 받는 힘든 일이었지요.
당시에는 보통 하인들이 이 일을 맡았어요.

그런데 알고 보니, 소년 다윗은 혼자가 아니었어요.
하나님이 최선을 다해 양 떼를 돌보는 다윗의 마음을
다 보고 계셨던 거예요!
그리고 언제나 기쁨으로 하나님을 찬양하던 다윗을 부르셔서
이스라엘의 새로운 왕으로 세우셨답니다.

우리 친구들은 멋진 외모, 근사한 물건, 친구들 사이에서의 인기,
시험 성적이 가장 중요하게 느껴지나요?
하지만 하나님은 지금도 우리의 겉모습보다 더 중요한 걸 보고 계세요.
바로 여러분 마음의 중심을 보고 계세요.
여러분이 마음으로부터 예수님을 사랑하고,
예수님을 닮아 가길 바라고 또 기다리고 계신답니다.

사람은 겉모습을 보지만
여호와는 마음의 중심을 보신다.
사무엘상 16장 7절, 우리말성경

다윗

골리앗은 몸집이 크고 힘이 센 사람이었어요.
자기 힘만 믿고,
조그마한 소년 다윗이 하나님을 신뢰하는 모습을 보며 비웃었지요.
그런데 골리앗은 결국 다윗의 물매질 한 번에 쓰러지고 말았답니다.

바로 골리앗이 교만했기 때문이에요.
'교만'이란 내 힘이 최고라고 믿으며 잘난 체하는
못된 마음과 행동이에요.
하나님은 교만한 사람을 정말 싫어하세요.
하나님은 우리가 늘 '하나님'만 믿고 의지하기를 원하신답니다.

교만에는 멸망이 따르고
거만에는 몰락이 따른다.
잠언 16장 18절, 우리말성경

골리앗

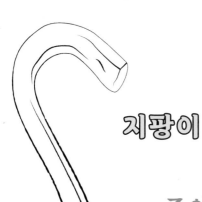

지팡이

주의 지팡이와 막대기가
나를 지키시고 보호하십니다.
시편 23편 4절, 우리말성경

목자와 양

목자의 지팡이는 길고 매끈해요.
끝은 구부러져 있어서
길에서 벗어나 헤매는 양을 끌어와
다시 제 길로 가게 하지요.

지팡이는 덤불에 갇히거나 사자나 곰에게
공격받고 있는 양을 구하는 데도 쓰여요.
또 목자는 지팡이로 부드럽게 양을 가까이 데려와
다치거나 아픈 곳은 없는지 살펴본답니다.

선한 목자이신 하나님께도
양 떼인 여러분을 돌보시기 위한 지팡이가 있어요.
바로 '성령'이세요.

여러분은 여러분 안에 계신 성령께 의지해
도우심을 받고 평안을 얻을 수 있답니다.
성령은 우리를 바른길로 인도하시며,
우리가 하나님께 가까이 나아가게 하시는 분이세요.

다윗과 예수 그리스도

"참으로 나 주 하나님이 말한다.
내가 나의 양 떼를 찾아서 돌보아 주겠다."
에스겔 34장 11절, 새번역

골리앗과 싸운 다윗은 양을 치는 목동이었어요.
다윗은 목숨을 걸고 양을 보살폈지요.

성경은 목자의 이미지를 통해 하나님이 얼마나
우리를 사랑하시고 보호하시는지 보여 주고 있어요.

하나님은 우리를 너무 사랑하셔서
가장 위대한 목자를 우리에게 보내 주셨어요.
바로 하나님의 아들, 예수님이세요!

예수님은 자신에 관해 이렇게 말씀하셨어요.

"나는 선한 목자다.
선한 목자는 양들을 위해 자기 생명을 내놓는다."
요한복음 10장 11절, 우리말성경

예수님은 우리의 죄를 대신해서
십자가에서 돌아가셨어요.
선한 목자 예수님이 우리를 너무나 사랑하셔서
십자가에서 돌아가셨어요.
예수님은 부활하셨고
여러분의 모든 삶의 순간을 지켜보신답니다.

다윗이 위대한 목자 하나님에 대해 쓴 노래가
시편 23편이에요.
다윗의 노래를 들으면서 예수님이 어떻게
우리의 선한 목자가 되시는지 생각해 볼까요?

시편 23편

여호와는 나의 목자시니
내게 부족함이 없으리로다
그가 나를 푸른 풀밭에 누이시며
쉴 만한 물가로 인도하시는도다

내 영혼을 소생시키시고
자기 이름을 위하여
의의 길로 인도하시는도다

내가 사망의 음침한 골짜기로 다닐지라도
해를 두려워하지 않을 것은
주께서 나와 함께하심이라

주의 지팡이와 막대기가
나를 안위하시나이다

주께서 내 원수의 목전에서
내게 상을 차려 주시고
기름을 내 머리에 부으셨으니
내 잔이 넘치나이다

내 평생에 선하심과 인자하심이
반드시 나를 따르리니
내가 여호와의 집에 영원히 살리로다.

아멘.